L·K $\frac{14}{35}$

EXTRAICT DES RAISONS DE MESSIEVRS

des Estats de la Province de Bretagne,

POVR DEFFENDRE LA LIBERTÉ

des Ordinaires de ladite Province contre les Indultaires de France.

A NANTES,

Par PIERRE DORIOV, Imprimeur
Ordinaire du Roy, & de l'Vniuersité.

M. DC. XXXVII.

INDVLT est vne grace accordée par Bulle du Pape
Eugene IV. en 1434. confirmée par autre de Paul III,
en 1538. à Messieurs les Chancelier de France, Presidens,
Maistres des Requestes & Conseillers du Parlement de
Paris, de pouvoir presenter au Roy vn de leurs en-
fans domestiques ou amys, pour estre par sa Majesté nommé
au premier Benefice seculier ou regulier vacant par mort
en la disposition d'vn Evesque ou autre Collateur ordinaire, auquel Collateur la nomination estant signifiée, il est
tenu de pourvoir le nommé du premier Benefice vacant
apres ladite signification, dont l'Indultaire n'est tenu de se
contenter pour le remplissement de son Indult, si le Benefice
n'est de valeur de deux cens livres de revenu annuel pour
le moins: Et parce que le nommé attend le decez du premier
Beneficier mourant, l'Indult est mis entre les graces expectatives.

EXTRAICT DES RAISONS DE
Messieurs des Estats de la Prouince de Bretagne,
POVR DEFFENDRE LA LIBERTE DES Ordinaires de ladicte Prouince contre les Indultaires de France.

N doit tenir pour indubitable, que comme l'indult de Messieurs du Parlement de Paris n'a point affecté les Benefices de la Prouince de Bretagne, soient simples ou chargéz de la cure des ames auant l'annexe du Duché dudict Pays à la Couronne de France, qu'aussi il est contre toute raison, de le vouloir à present extendre sur lesdits Benefices au prejudice des anciens droicts & Privileges de ladicte Province.

C'est pourquoy certains particuliers qui prenent qualité d'Indultaires s'estans ingerez depuis quelques années, de faire trouble sur quelques Benefices de Bretagne, sous pretexte du droict d'indult, Messieurs des Estats de la mesme Province auroient de temps en temps par leurs Deputez envoyez en Cour, fait plaintes au Roy de telles entreprises, & presenté à sa Majesté les Cahiers de leurs tres-humbles remonstrances pour estre conservez en leurs libertez & franchises, sur lesquels sadite Majesté auroit tousiours rendu de favorables responses, & nouvellement sur les Cahiers des tres-hubles remostrances desdits Estats tenus à Nantes en l'an 1632. & respondus par sa Majesté en Aoust, 1633. elle auroit declaré, que conformément aux Privileges de ladite Province elle entendoit qu'il ne fust rien innoüé à ce qui s'observoit lors de son vnion à la Couronne sur le fait des Indults, & qu'il seroit incessamment informé à la Requeste desdits Estats, si ou

non ladicte Province estoit exempte du droict d'indult, lors &
au temps de ladite vnion.

Suiuant cette response & icelle executant, Messieurs de Lesson-
gere Conseiller du Roy en ses Conseils d'Estat & Privé, & de la
Bedoyere aussi Conseiller du Roy en ses Conseils, & son Procureur General au Parlement de Bretagne, Commissaires de sa Majesté en cette partie, par vertu de Commission du Conseil, sous
le grand Seau du quatriesme Septembre 1633. Ont vacqué à faire
l'information du faict specifique porté par la response de sa Majesté, tant sur les anciens actes cy-devant extraicts des Archives
du Chasteau de Nantes, & autres tirez des Registres du Parlement, Chambre des Comptes & Greffe des Estats, que par en-
queste de plusieurs Tesmoins Ecclesiastiques, Iuges & Advocats
des Villes de Rennes & Nantes, versez en la Doctrine & pratique
Beneficiaire : De laquelle information se peuvent tirer les Raisons & authoritez principales de la susdite exemption.

Avant qu'entrer en la deduction des Raisons, on pouroit
dire aux Indultaires que s'ils pretendent faire valoir le droict
d'Indult, & en vser sur les Benefices de Bretagne, qu'a bien con-
siderer la response de sa Majesté sur les Cahiers de l'an 1632. c'est
à eux à faire voir, que le mesme droict ait esté sinon en force &
vigueur, au moins en quelque observance dans la Province avant
son vnion à la Couronne de France, parce que les Privileges
ne se presument point, & c'est à ceux qui en alleguent, de les
fonder ou en tiltre Authentique, où en possession équivalente,
autrement leur pretension destituée de fondement se ruine & se
destruit d'elle mesme : Or il est tellement infallible, que les Indultaires ne peuvent monstrer que l'Indult ait eu lieu en Bretagne avant l'annexe du Duché, que non seulement ils n'en ont
Bulles, tiltre ny possession : mais qu'il n'en reste pas mesmes vne
seule trace dans l'Histoire. On trouve bien escript, que lors que
la France & la Bretagne estoient Royaume & Duché separez, le
Roy pretendit sur le Duc vn droict d'homage, qu'il luy à contesté
le droict de Confection de monnoye, mesme le droict de Re-

gale qu'il a depuis agrée par Lettres authentiques, Il s'en list
quelque chose dans les livres : Mais pour le droict d'Indult des
Officiers du Parlement de Paris sur les Benefices de Bretagne
avant l'vnion, il est tellement incogneu qu'il est sans aucun
exemple aussi bien que contre toutes les regles & maximes de la
raison. Il suffiroit donc de dire aux Indultaires qui alleguent vn
Privilege, & le veulent faire valoir, que n'ayant fondement ny
preuve de leur intention, ils en doivent demeurer descheuz, &
la Province confirmée dans ses libertez & franchises.

Et toutefois pour satisfaire sa Majesté, laquelle desire estre
plus particulierement informée de la part des Estats de la Iustice
de leur exemption, ils ne craindront pas d'en mettre les moyens
en evidence, & dire pour premier fondement, qu'il est tellement
veritable que le droict d'Indult n'a point eu lieu en Bretagne
avant l'vnion du Duché à la Couronne, qu'il est bien apparent
qu'avant ledit temps il n'en à pas mesmes esté vsé en France, lieu
destiné pour l'effect d'iceluy, dont la raison est, que lors & au
temps du Pape Eugene IV. Que la grace de l'Indult fut accordée
aux Officiers du Parlement de Paris. Le Cõcile de Basle ayant esté
celebré, on receut en France les Decrets dudit Concile & la Prag-
matique sanction, & particulierement ledecret *de reservat. sub.*
Lequel Decret ayant esté accepté par le Parlement de Paris, il
estoit incompatible que les Officiers dudit Parlement eussent
ioüy du droict d'Indult qui estoit de la Nature des reserves, dont
ils avoient receu la suppression; Et pour cette raison ils n'ont peu
ioüir du mesme droict d'Indult qu'apres l'abrogation de la Prag-
matique, depuis laquelle ils auroient obtenu rescript du Pape
Paul III. portant renouvellement de celuy du Pape Eugene p ou
estre relevés du deffaut de n'avoir vsé de l'Indult leur accordé
long temps auparavant, lequel rescript du Pape Paul III. ne fut
qu'en l'an 1538. six ans apres l'annexe du Duché à la Couronne,
& il est tres vray semblable que c'est depuis ledit rescript
seulement, que les susdits Officiers ont ioüy du droict d'Indult
au pays de France & non auparavant. Si donc avant l'vnion de la

Bretagne ils n'ont point iouy de leur Indult en France, lieu deſti-
né par la conceſſion, il n'eſt pas imaginable qu'ils en ayent peu
ioüir en Bretagne, où ils n'avoient droiɛt, tiltre ny conceſſion
quelconque.

En ſecond lieu eſt remarquable, que lors que le droiɛt d'Indult à eſté concedé à Meſſieurs du Parlement de Paris par le
Pape Eugene IV. en 1434. la Bretagne eſtoit vn Duché à part qui
avoit ſon Duc & Prince ſouverain, d'où l'on peut induire que la
grace de l'Indult octroyée audit Parlement en faveur du Roy de
France Charles VII. ne pouvoit affecter que les Benefices ſituez
au dedans des limites de ſon Royaume & non ceux du Duché de
Bretagne, n'eſtant vray ſemblable que le Duc qui avoit ſes Officiers euſt permis que les Subiects & Officiers d'vne autre Couronne ſe fuſſent arrogez le pouvoir de nommer aux Benefices
de Bretagne fondez pour la pluſpart par les Ducs ſes predeceſ-
ſeurs, & par les Prelats, Barons & autres Seigneurs & Habitans
de ſa Province.

Ioint que lors dudit octroy le Duc de Bretagne Seigneur &
Prince ſouverain dans ſon Duché, vſoit à cauſe de ſa ſouveraineté & Couronne Ducale, d'vn droiɛt qu'on peut dire de Regale,
puiſque lors de la vacance des Eveſchez de ſondiɛt Duché, il en
faiſoit regir les fruiɛts par main ſouveraine pour les conſerver
aux Succeſſeurs Eveſques, conformément aux conſtitutions Ca-
noniques, & leur en donner mainlevée apres avoir receu d'eux le
ferment de fidelité que les Eveſques du pays avoient accouſtumé
luy rendre lors de leur promotion : Surquoy y ayant eu quelque
debat du Regne du Roy Louÿs XI. Enfin apres avoir recogneu
les droiɛts & prerogatives du Duc, ſa Majeſté ſe departit de la
conteſtation des meſmes droiɛts de Regale, leſquels il declara
appartenir legitimement audiɛt Duc par Lettres patentes, don-
nées en l'an 1465. & au meſme téps publiées & Regiſtrées au Parlement de Paris, argument bien puiſſant pour conclurre neceſ-
ſairement, que ſi avant l'vnion le droiɛt de Regale qui eſt en France vn droiɛt de ſouveraineté & vn fleuron de la Couronne

Royale n'a eu extenſion en Bretagne, moins encore celuy d'Indult qui n'eſt qu'vn droiĉt des Officiers; Le droiĉt du Chef comme principal & plus eminent, eſtant plus fort & recommen-
dable que celuy des membres & le droiĉt du Roy que celuy de ſes
vaſſaux & ſubieĉts.

En troiſieſme lieu il eſt conſtant qu'avant l'annexe du Duché
à la Couronne, voires avant la conceſſion de l'Indult aux Officiers du Parlement de Paris, la Bretagne avoit ſes Loix & maximes particulieres pour la pratique & collation des Benefices, que
deſlors le Pape jouyſſoit en ladiĉte Province comme en vn pays
qu'on appelle d'obediance de la reſerve des huiĉt moys, portée
par la regle huiĉtieſme de Chancelerie, n'en demeurant deſlors
que quatre aux Eveſques de la Province, laquelle Regle ayant
eſté principalemét introduite pour deſcharger les ordinaires des
graces expeĉtatives, reſerves, & mandats Apoſtoliques, dont ils
eſtoient par trop grevez & ſurchargez. Le Pape n'euſt peu avec
raiſon charger les ordinaires d'Indults qui ſont de la Nature des
graces expeĉtatives dont il les avoit deſchargée par la reſerve des
huiĉt mois, auſſi ne l'a il pas voulu faire, puiſque l'oĉtroy de
l'Indult ne porte aucune derogation expreſſe à la ſuſdite regle,
ſans laquelle derogation l'on ne peut preſumer que l'intention
du Pape ait eſté de rien changer en la diſpoſition de la regle de
Chancelerie au prejudice des ordinaires. Si bien que comme depuis ladite regle de Chancelerie, les Papes ont touſiours plainement iouy des huiĉt mois par eux reſervés ainſi les ordinaires ont
eu droiĉt de iouyr auſſi pleinement des quatre mois qui leur
reſtent ſans aucun trouble ny ſurcharge.

En quatrieſme lieu avant l'annexe du Duché à la Couronne,
les Benefices de Bretagne eſtoient affeĉtez aux originaires de la
Province à l'excluſion de tous autres par anciennes Bulles du Pape Pie II. de l'an 1459. & pluſieurs autre Privileges, dont les Habitants de ladite Province ont iouy inviolablement ſans qu'a-
cun non Originaire y ait poſſedé Benefices, ſinon par le reſcript
& mandement exprés du Duc & Prince dudit pays, comme eſt

iuſtifié par pluſieurs mandemens de cét effect expediez en faveur de divers particuliers du pays d'Anjou, portants leſdits mandemens permiſſion en leur faveur de pouvoir poſſeder Benefices en Bretagne, quoy qu'ils n'en fuſſent natifs, & les ſuſdites Bulles qui eſtoient tiltres authentiques pour fonder leſdits Privileges ont eſté ſuiuies d'vn long vſage, duquel le Roy Charles VIII. apres avoir eſpouſé la Princeſſe de la Province, ayant voulu eſtre informé, à ladite fin en fut faict enqueſte par ordre & commandement de ſa Majeſté, en l'an 1492. à la ſuite & diligence de Meſſire Alain le Foreſtier Procureur General de la Province de Bretagne, devant Meſſieurs les Chanceliers de France & de Bretagne, en laquelle auroient depoſé vnze teſmoins tous qualifiez & fort anciens, qui auroient dit concurremment que c'eſtoit vn droict certain & vne pratique toute infallible, qu'en Bretagne les Benefices eſtoiét affectez aux originaires Bretons, & ne pouvoient eſtre poſſedez par autres ſans Mandement exprés du Prince du pays, & qu'ainſi ils l'avoient touſiours veu pratiquer & iuger & à la Cour de la Rote à Rome, & en Bretagne devant les Iuges de la Province, leſquels Privileges ſe trouvent encore expreſſément confirmez par Edict du Roy Louys XII. de l'an 1498. Si donc les ſeuls originaires eſtoient capables de poſſeder Benefices en Bretagne avant l'vnion, il s'enſuit que l'Indult de Meſſieurs du Parlement de Paris ny avoit lieu, puiſque c'eſtoit vn droict de perſonnes eſtrangeres de la Province.

Les Raiſons cy-deſſus ſervent de principe aſſeuré, pour monſtrer que le droict d'Indult n'a eu lieu en Bretagne avant l'vnion du Duché à la Couronne, & conſequamment qu'il n'y peut avoir lieu à preſent, Principe d'autant plus ſolide qu'il ne peut eſtre eſbranlé par aucune obiection contraire.

Les obiections qu'on à accouſtumé d'oppoſer à ladite exemption ſe reduiſent à deux points. Premierement on dit que par l'vnion du Duché à la Couronne, ledit Duché eſt faict vn membre du Royaume incorporé en iceluy, & conſequamment ſujet aux Loix, maximes & droits du Royaume, & à celuy d'Indult ainſi qu'aux autres.

En ſecond

En second lieu , que la concession de l'Indult leur ayant esté
faicte par le Pape Paul III. en l'an 1538. depuis l'vnion dudit Duché , ce droict à affecté toute l'estenduë de la Monarchie , & par
consequent la Bretagne qui estoit desormais vne par l'effect de
l'annexe : à quoy on peut respondre de la part des Estats , par
plusieurs raisons sans replique.

A la premiere obiection, on dit en premier lieu, que la Bretagne n'a iamais esté vnie à la Fráce , pour auoir esté vaincuë & sub-
juguée par la force des armes , mais par vn doux abandonne-
ment de ses volontez & de ses inclinations à la grandeur de cette
Auguste Couronne, à laquelle elle s'est liée par des chaisnons
d'amour , & par le neud du Contract le plus sainct & Religieux
qui se pratique dans le monde , que par ledit Contract il fut
accordé qu'il ne seroit rien innoüé aux Privileges de la Province, & que les Habitants d'icelle iouyroient plainement & pa-
cifiquement de leurs immunitez & franchises ainsi qu'ils fai-
soient avant l'vnion : Ce qui a esté d'abondant confirmé par
l'Edict de la mesme vnion , de l'an 1532. donné par le Roy François premier, & du depuis par vn tres-grand nombre de Traittez
& Contracts faits avec les Roys successeurs, mesmes avec le Roy
heureusement regnant & recemment par la response renduë au
mois d'Aoust 1633. sur le subiect des Indults , par laquelle sa Majesté auroit declaré qu'elle entendoit conformément aux anciens
privileges de la province, qu'il ne fust rien innoüé à ce qui s'observoit lors de son vnion à la Couronne ; De sorte que l'vnion du
Duché n'ayant en rien diminüé les privileges de la province , les
Indultaires ne se peuvent prevaloir de la mesme vnion pour y faire breche , & leur donner atteinte.

En second lieu , respondant à la mesme obiection , on dira
que non seulement la Bretagne advoüe & recognoist estre vnie à
la France , mais qu'elle tire son advantage plus signalé d'estre vn
membre du corps de ce grand Estat, duquel la splendeur esbloüit
toutes les puissances de la terre , que tant s'en faut qu'elle s'en
tienne aucunement separée , qu'au contraire elle fait gloire de

luy estre heureusement conioincte, estroittement liée & entierement soubsmise en ce qui regarde les droicts de souveraineté de
la Couronne, & la parfaite condescendence aux volontez du
plus iuste Roy de la terre : La Bretagne ne pouvant ceder en
affection & fidelité à aucune province du Royaume : Mais pour
ce qui est des Loix & maximes particulieres, concernant la pratique, soit du temporel ou des Benefices de la province, il n'y à
rien esté changé par ladite vnion, nonobstant laquelle la Bretagne n'ayant pas esté obligée de se soubsmettre à la disposition du
droict François & Coustume de paris, ains au contraire retenu
les mœurs de son droict municipal en ce qui est du Temporel,
aussi est elle tousiours demeurée dans l'observance Religieuse de
ses Loix & maximes particulieres pour la pratique Beneficiaire,
ayant conservé ses vsages & anciennes Coustumes pour avoir
esté vnie en tout l'Estat qu'elle estoit, tant au Temporel que Spi-
rituel, qu'aussi avec les mesmes franchises, immunitez & Privileges, dont elle iouyssoit avant ladite vnion.

Cette verité est appuyée sur trois Edicts du Roy Henry II. des
Années 1550. & 1553 Registrez au parlement de Bretagne, par
lesquels est ordonné, que neantmoins l'vnion du Duché à la
Couronne le pape iouyra en Bretagne des huict mois reservez à
sa Saincteté par la Regle de Chancelerie, ainsi qu'il faisoit avant
ladite vnion, si bien qu'apres l'vnion n'estant demeuré aux Eves-
ques de Bretagne que quatre mois pour conferer, on ne peut
soubs ce pretexte les grever d'Indults ny de graces expectatives,
& puisque par l'effect de l'vnion ils ne iouyssent pas des droicts
& advantages des prelats de France qui est de conferer en tous
mois, il seroit trop dur de leur en faire porter les charges, veu que
ça seroit en effet faire passer la Bretagne pour pays de concordat,
en ce qui est des charges portées par les Concordats sur les Collateurs ordinaires & pour pays d'obedience, en ce qui concerne
les huict mois de la reserve Apostolique. Car les Bulles des papes
Eugene IV. & paul III. font foy qu'ils n'ont concedé ces Indults
que pour obtenir les Benefices vacants par mort en la collation

des Evefques, Abbez & autres Collateurs ordinaires, mais non
pour nommer audits Benefices qui font refervez à la difpofition
de fa Saincteté : Ce qui eft affez confirmé par le ftile des Lettres
que les porteurs d'Indults prennent du Roy pour nommer aux
Benefices, lefquelles Lettres ne font adreffées qu'aux Prelats &
Collateurs ordinaires, & ne peuventciuilement eftre inthimées
à fa Sainceté pour l'obliger à pourvoir dans les huict mois de fa
referve à la nomination de ceux qu'elle à favorifé d'Indults, ne
pouvant eftre le privilege concedé par fa Sainceté retorqué
contr'elle mefme, & partant fi les Indults eftoient receus en Bretagne, ce ne pouroit eftre aux huict mois de la referve Apofto-
lique, ains feulement aux quatre mois accordez aux ordinaires
de la Province, & ainfi lefdits ordinaires feroient contraincts
avec la referve des huict mois de fa Saincteté, de fouffrir fur
leurs quatre mois vne autre referve en faveur des Indultaires : Ce
qui ne fut iamais dans la penfée d'Eugene IV. qui ne pouvoit pas
prevoir l'vnion future de Bretagne à la Couronne de France
ny de Paul III. lequel n'a entendu que confirmer la Bulle d'Eugene IV. & accorder ces Indults audit pays, & provinces de Frãce, où
les Evefques & autres Collateurs ont accouftumé de pourvoir en
tous les mois de l'année à l'exclufion de fa Sainceté laquelle n'a
que peu de referves de certains particuliers Benefices audit pays
de France en vertu des concordats faits avec le Roy François premier d'heureufe memoire, & n'ont iamais entendu charger de
ces Indults le Duché de Bretagne, pays d'obedience ou fa Saincteté à de tous temps iouy de la referve des huict mois qui font
laiffez libres aux autres ordinaires de la France.

Ces maximes fondées en toute raifon, fe trouvent confirmées
par plufieurs Arrefts rendus contre des Indultaires pretendants
Benefices en cette Province, vn de l'an 1557. rapporté au recueil
de Mr. du Fail page 26. Autre rendu contre Monfieur de Cour-
celles Côfeiller au Parl. de Paris pour vne prebende de l'Eglife de
Nantes en 1606. autre rendu en 1613. pour le Prieuré de Marfac au
Diocefe dudit Nantes, & plufieurs autres Arrefts reprefentez

devant les Sieurs Commiſſaires & plus au long mentionnez dans leur procés verbal, de l'authorité deſquels Arreſts donnés en faict de benefices ſimples iointe aux raiſons cy deſſus, s'induit tres bien que l'indult ne peut non plus avoir lieu ſur les Benefices chargez de la Cure des ames, comme il a deſia pleu au Roy le prejuger par ſa reſponſe ſur les Cahiers deſdits Eſtats, de l'an 1617. & par Arreſt de ſon Conſeil du huictieſme Fevrier 1634. & conſequamment que tous les Benefices de la Province de quelque qualité qu'ils ſoient en doivent eſtre entieremét deſchargez.

De plus, comme anciennement par les Privileges accordez par les Papes Pie & Sixte, és années 1439. & 1499. Les Habitants de la Province de Bretagne ne pouvoient eſtre tirez hors d'icelle pour quelque cauſe que ce fuſt, ſoit pour Privilege Scolaſtique, delegation Apoſtolique ou autrement: Auſſi lors de l'vnion du Duché à la Couronne, auroit eſté accordé auſdits Habitants, que pour quelque occaſion ou Privilege que ce fuſt, ils ne ſeroient tenus de pleder devant autres Iuges que ceux de la Province, & particulierement pour les cauſes des Benefices il y à Lettres du Roy Henry II. du mois de Fevrier, de l'an 1556. Par leſquelles eſt deffendu à Meſſieurs du grand Conſeil de cognoiſtre du poſſeſſoire d'iceux, meſmes ſoubs pretexte d'Indults, d'où ſe tire encore vn puiſſant argument, pour faire voir que les Benefices de Bretagne en ſont exempts, puiſque les Iuges auſquels la cognoiſſance des Indults eſt ordinairement attribuée ſont interdicts d'en cognoiſtre.

A la ſeconde obiection qu'on fonde ſur la Bulle du Pape Paul III. vulgairement appellée la Pauline, on reſpond que bien que ladite Bulle ait eſté octroyée depuis l'vnion du Duché, ce n'eſt neantmoins qu'vne renovation & vne pure confirmation de celle du Pape Eugene IV. concedée aux Officiers du Parlement de Paris prés d'vn ſiecle avant ladite vnion, lors de laquelle premiere Bulle, l'Indult n'ayant peu avoir lieu en Bretagne par toutes les raiſons ſur alleguées non plus apres la ſeconde, la renovation & confirmation d'vn octroy, ne pouvant avoir extenſion au delà des termes de la conceſſion premiere.

On adjoufte, que fi les Indults avoient lieu en Bretagne fur les ordinaires, il en arriveroit de tres grands inconvenients.

I. Le nombre des Indultaires qui attireroit apres foy celuy des graduez de l'Vniverfité de Paris eft fi grand que les Evefques de la Province, lefquels n'ont que quatre mois pour conferer, & font encores traverfez par divers patrons lays & Ecclefiaftiques, n'auroient la difpofition d'aucun Benefice, & quoy que la conduite & direction des ames leur font commife pour en rendre compte devant Dieu, *Quarum fanguis ex illorum manibus in diftricti examine iudicij à fupremo iudice eft requirendus.* Ils feroiët contraints de fe repofer du foing plus important de leur charge fur des gens venus de loin, dont la fuffifance & probité leur feroit incogneüe.

II. On ne verroit plus les Benefices de la Province remplis des originaires, aufquels lefdits Benefices font deftinez & affectez par la difpofition des Loix & par Priuilege particulier, & en vain plufieurs celebres Colleges eftablis dans la Province feroiët remplis de perfonnes ftudieufes, en vain les Habitants du pays fe porteroient avec ardeur à l'eftude des fciences & de la vertu, s'ils voyent dans leur propre fein le merite fruftré de fa recompenfe, & les Benefices qui doivent fervir de loyer aux originaires vertueux, quoy que non affectés à Meffieurs les Officiers du Parlement de Bretagne ny aux graduez de l'Vniverfité de Nantes eftre neantmoins rauis & emportés par les Eftrangers de la Province.

III. En admettant les Indultaires de Paris dans la Province de Bretagne, l'Eglife & la Religion y feroit beaucoup intereffée, non feulement pour la ruine qui pouroit arriver au Temporel des Benefices pour le peu de refidence qu'y feroient les Titulaires François retenus par la douceur naturelle du lieu de leur naiffance bien differente du fejour de la Province de Bretagne toute remplie de landes & bordée de rochers: Mais beaucoup plus encor pour le detriment du falut des ames d'vn tres grand nombre d'Habitants de ladite Province, à l'endroict defquels les Eftrangers d'icelle ne pouroient fatisfaire aux charges & fonctions neceffaires des Benefices, foit pour les exhortations ordinaires,

Annunciando eis cum breuitate & facilitate sermonis vitia quæ eos declinare & virtutes quas sectari oporteat, vt pœnam æternam euadere & celestem gloriam consequi valeant: soit pour les confessions & administration des autres Sacremens, à cause de la difference de l'Idiome, & qu'en plusieurs lieux de la Province il faut parler au peuple en langue Bretonne, qui est vne langue singuliere tres difficile à comprendre & enoncer & du tout incogneuë aux Estrangers de la Province lesquels venants à s'introduire par voye d'Indults dans les Benefices & Eglises de ladite Province, au lieu de donner à leur entrée la paix & l'edification au peuple, n'y apporteroient au contraire que le des-ordre & la confusion des langues.

Des raisons cy-dessus appuyées de la bonté & Iustice du Roy, & de la protection de Monseigneur l'Eminentissime Cardinal Duc de Richelieu, Gouverneur de cette Province de Bretagne, & vray Ange Tutelaire de ses droicts & Privileges, on peut conclure infailliblement, que comme avant l'vnion du Duché à la Couronne les Benefices d'iceluy estoient exempts du droict d'Indult de Messieurs les Officiers du Parlement de Paris, ils en doiver t estre à present entierement & absolument deschargez.

www.ingramcontent.com/pod-product-compliance
Lightning Source LLC
Chambersburg PA
CBHW061858080726
47597CB00010BA/4298